Manual de Protocolo y Etiqueta Digital

Productividad en la nueva realidad digital
2020

Manual de Protocolo y Etiqueta Digital

Productividad en la nueva
realidad digital
2020

FELIPE ANDRÉS FORERO HAUZEUR

Dedicatoria

A mi abuelo, el General Alberto Hauzeur Laverde por haberme transmitido el sentido de excelencia y rectitud.

A mis padres, Oscar Forero Racines y Jacqueline Hauzeur de Forero por el amor, el ejemplo y la educación que me dieron.

A mi esposa Rosario B. Casas por su amor y apoyo incondicional para construir juntos nuestro proyecto de vida.

Con gratitud

Contenido

Introducción

Con el aprovechamiento de las herramientas tecnológicas y el cuidado obligatorio de nuestra salud y la de los demás debido al COVID-19, hoy tenemos la necesidad de interactuar virtualmente para cumplir con las responsabilidades familiares, académicas, laborales y sociales, y es por ello que quiero compartir con ustedes el manual de protocolo y etiqueta digital, donde apliquemos las normas de educación, de cortesía, de urbanidad y de buenas costumbres de uso diario, ahora en el campo virtual.

Desde 1994, la señora Virginia Shea, en su libro Netiquette (título en inglés), empezó a hablar de Netiqueta, refiriéndose al comportamiento adecuado en internet y las redes sociales a través de 10 reglas que ella consideró prioritarias:

Regla 1: Nunca olvide que la persona que lee el mensaje es otro ser humano con sentimientos que pueden ser lastimados.

Regla 2: Adhiérase a los mismos estándares de comportamiento en línea que usted sigue en la vida real.

Regla 3: Escribir todo en mayúsculas se considera como gritar y, además, dificulta la lectura.

Regla 4: Respete el tiempo y el ancho de banda de otras personas.

Regla 5: Muestre el lado bueno de sí mismo mientras se mantenga en línea.

Regla 6: Comparta sus conocimientos con la comunidad.

Regla 7: Ayude a mantener los debates en un ambiente sano y educativo.

Regla 8: Respete la privacidad de terceras personas.

Regla 9: No abuse de su poder o de las ventajas que pueda usted tener.

Regla 10: Excuse los errores de otros. Comprenda los errores de los demás igual que usted espera que los demás comprendan los suyos.

Estábamos acostumbrados y muchos de nosotros hemos preferido las reuniones presenciales siendo más personales y más cercanas; en ellas podemos compartir un café y percibir el lenguaje corporal o comunicación no verbal del interlocutor haciendo más humana y directa la conversación, pero la globalización, el teletrabajo y ahora el distanciamiento social nos exige ampliar la manera de comunicarnos a través del uso de herramientas y plataformas digitales.

Conocemos el protocolo como un conjunto de normas o reglas que se han establecido a través de las costumbres de los pueblos, aplicables para facilitar las relaciones interpersonales y a su vez, como la secuencia ordenada de algún proceso. Por eso existe el protocolo de Estado, diplomático, eclesiástico, militar, deportivo, empresarial, entre otros, mediante los cuales se facilitan dichas relaciones y procesos.

El protocolo está establecido por decretos y normas en cada Estado y acuerdos internacionales basados en el derecho consuetudinario, es decir basado en la costumbre y el respeto hacia los demás para comodidad de ambas partes y ahora, las nuevas formas de comunicación y relacionamiento nos tienen que llevar a tomar conciencia de las normas de comportamiento y de interacción durante una comunicación digital, adaptándonos a ella.

Por su parte, la etiqueta acompaña al protocolo, muy ligada al comportamiento de cada cultura definiendo las buenas maneras de comportamiento y con frecuencia la asociamos exclusivamente con la disposición de una mesa, la manera de servirla y de comer.

Podemos recordar como un gran ejemplo de etiqueta el Manual de Urbanidad y Buenas Maneras de Manuel Antonio Carreño, publicado en 1853.

Al referirme al correcto uso de las herramientas tecnológicas, desde la más básica como el teléfono móvil (celular), pasando por los buscadores en internet, el correo electrónico, redes sociales, servicios bancarios y plataformas de comunicación, entre otros, no solo hablo del dominio en su manejo u operación, lo hago recomendando que aprendamos también a poner en práctica las medidas lógicas de ciberseguridad a nuestro alcance, para proteger nuestra información, nuestras comunicaciones y nuestros equipos.

Como recomendación, sugiero utilizar periódicamente las videollamadas para mantener ese contacto visual de cercanía con los seres queridos, con nuestros amigos, así como con nuestros equipos de trabajo, es muy sano hacerlo.

Con la elaboración de este Manual, quiero invitarlos a reflexionar, motivarlos a poner en práctica las buenas maneras y a complementarlo con las normas que ustedes apliquen, para que juntos construyamos esta cultura de comunicación, por el bien de cada uno de nosotros y de nuestras organizaciones.

Les agradezco de antemano que sus inquietudes, aportes y sugerencias las envíen a mi correo electrónico felipe@bcpartners.com.co

Muchas gracias,

Felipe Andrés Forero Hauzeur

Prólogo

Protocolo y etiqueta: Imprescindibles en la "nueva normalidad" digital

Una profunda, pertinente, actual y necesaria reflexión sobre protocolo y etiqueta en el mundo de hoy, atravesado por la realidad y los medios digitales, nos propone el ilustre Capitán de Fragata (RA) Felipe Andrés Forero Hauzeur, soportado en su larga trayectoria y experiencia en logística, diplomacia, ceremonial y protocolo de Estado, que da lugar a la publicación de este manual.

Me permito entonces, gracias a la generosidad del Capitán Forero, destacado profesional pero sobre todo, excepcional ser humano y amigo, proponer unas reflexiones sobre este tema de importancia fundamental en el desarrollo actual de las organizaciones, las sociedades y las personas, no sin antes celebrar el esfuerzo que supone esta publicación que recoge, de manera constructiva, fenómenos que definen el ser y el quehacer de nuestras sociedades con miras al logro de un desarrollo más integral y más humano.

En la actualidad, ante los grandes avances y descubrimientos de tipo científico y tecnológico, la proliferación y uso intensivo de las tecnologías de la información y de las comunicaciones y, en particular la coyuntura mundial a propósito de la pandemia del COVID-19, que nos ha obligado como humanidad a repensarnos, adaptarnos y reinventarnos, se ponen en duda criterios de la antigua "normalidad" caracterizada por una sociedad mecánica y deshumanizante que necesita cada vez con más urgencia políticas justas, orientadas a la consecución del bien común, no como una bonita intención retórica sino a través de comportamientos y decisiones concretas de todos los días.

Cuando abordamos un documento, como el que el lector tiene en sus manos, que desarrolla con interés el tema del protocolo y la etiqueta digital, todos los discursos, todas las tendencias, todos los problemas, apuntan a una clara deficiencia en la construcción y definición misma de los términos; de ahí que el autor, haya logrado abordar dicha temática con rigor, compromiso y con la autoridad que le da su testimonio de vida y de palabra.

En este mundo acostumbrado a un mal entendido pragmatismo, a la búsqueda de resultados a cualquier costo, a imponer los fines sobre los medios, es probable que en muchos medios el tema del protocolo y la etiqueta pueda ser mal comprendido o aún subestimado, y mucho más si se refiere al ámbito de la digitalización, sin embargo la coyuntura actual nos ha enseñado que no es posible abordar el mundo de vínculos de relación en una sociedad mundial, a través de los avances tecnológicos y las nuevas tecnologías de la información y las comunicaciones, viendo al otro como radicalmente distinto. En la definición de cultura de nuestros días está también en juego la actitud y la forma de proceder ante grupos humanos distintos.

Está también en juego la actitud que podemos adoptar ante las crisis de identidad y los procesos de cambio que todos estamos experimentando, cada vez más con mayor impacto en lo cultural. Este criterio histórico de reconocimiento del otro como un igual es el que nos permite comprender sus hábitos, costumbres y razones. De ahí que la tolerancia, la consideración, el respeto, la etiqueta en su mayor expresión, adquieran sus significados más radicales en la atención a la dignidad de todos.

En la lectura de este manual y en los planteamientos del apreciado autor he encontrado un oportuno asidero a mi idea de restarle valor a las formulaciones soberbias, generadoras de bivalencias y polarización, y que terminan haciendo apología a los egos humanos e institucionales, y armonizar en lo posible distintas tendencias con la realidad y con estos razonamientos que para muchos no pasan de ser románticos o utópicos. Esto hace de la lectura y aplicación de este manual, un reto más que emocionante.

Después de agradecer al autor la enorme generosidad con la que me invita a prologar su obra, debo decir que en definitiva las preguntas y respuestas que amplían esta reflexión preliminar se encuentran a lo largo de este documento que usted, apreciado lector tiene en sus manos, lo invito pues a que no sólo nos adentremos en las interesantes reflexiones que nos propone esta publicación sobre el protocolo y la etiqueta en el mundo digital, sino sobre todo, que seamos capaces de ponerlas en práctica en esta "nueva normalidad" que ha irrumpido en nuestras vidas y que promete quedarse largo tiempo en ellas.

VICTOR HUGO MALAGÓN BASTO
Bogotá D.C., 27 de junio de 2020

Capítulo 1

Organización del área de trabajo o estudio

Hoy estamos viviendo, trabajando, estudiando, jugando y descansando en nuestras casas y debemos verlo con el cuidado que esto representa. El mundo entero está ingresando al lugar más sagrado que tenemos. Es por ello que quiero reflexionar sobre el lugar donde estamos y lo que estamos haciendo a diario para mantener una sana convivencia y cumplir con todas nuestras responsabilidades. Así mismo para no exponernos ni a nuestras familias, a riesgos innecesarios e inconvenientes.

Durante esta coyuntura necesitamos aplicar o aprender a aplicar el autocontrol, la autodisciplina porque para nadie es fácil ni para los directivos ni para los trabajadores de una organización, así como no lo es para los profesores ni para los alumnos. Todos tenemos que aportar un grano de arena muy importante para seguir siendo eficientes, eficaces y seguir aprendiendo con nuevas metodologías, en medio de circunstancias desconocidas, pero con nuestras capacidades intactas para dar lo mejor de nosotros.

La primera lista de recomendaciones es:

a. Defina una rutina diaria en conjunto con las demás personas que están en su casa para poder cumplir las responsabilidades externas e internas que tiene cada uno. Recuerden programar los tiempos para las actividades de esparcimiento en familia o individualmente.
b. Acostumbrarse a trabajar desde casa es difícil, programe su agenda y haga todo el esfuerzo por cumplir esa programación.
c. Al construir esta rutina, identifique los espacios donde se desarrollará cada actividad.
d. Seleccione los equipos y elementos que necesita para cumplir con cada una de las responsabilidades (laborales y/o académicas).
e. Al definir el espacio y conocer las limitaciones existentes, mantenga muy bien organizado su puesto de trabajo o estudio, con los documentos o elementos que necesite a la mano, de tal forma que le brinde comodidad, tranquilidad y eficiencia.
f. Revise la iluminación del lugar para trabajar cómoda y saludablemente. Dependiendo de la luminosidad del espacio reduzca o aumente la intensidad de la pantalla del computador para cuidar su visión y si debe utilizar anteojos, hágalo.

g. Controle el volumen de los parlantes del computador, tableta o teléfono móvil cuando tenga alguna llamada, una videoconferencia o cuando oiga música o noticias. Por su comodidad y respeto hacia los demás utilice audífonos.

h. Por su salud y comodidad utilice una silla adecuada, idealmente ergonómica para trabajar.

i. Recuerde realizar las pausas activas para estiramiento muscular, descansar del computador y liberar pensamientos de la mente.

j. Aproveche las paredes para tener o crear un tablero con cartulina u hojas de papel, donde pueda hacer la planeación de sus ideas, proyectos o sus tareas.

k. Diseñe y ponga en práctica todas las herramientas que le puedan ser útiles de acuerdo a su metodología de estudio o de trabajo para ser más eficiente *(Nota 1)*.

Capítulo 2

Seguridad informática y ciberseguridad

Al emplear las herramientas tecnológicas y en especial las relacionadas y/o conectadas a través de internet contamos con infinidad de información, aplicaciones, plataformas, servicios, pero a su vez, con cada una de ellas estamos expuestos a altos riesgos de seguridad informática.

Colombia es el tercer país de América Latina, víctima del mayor número de ataques cibernéticos, según la firma de ciberseguridad Kaspersky Lab *(Nota 2)*.

Estos delitos son generados principalmente por ataques de virus introducidos en páginas no seguras, utilización de software pirata, la no actualización del software en uso (que implementa seguridad ante nuevas amenazas) y más de 28.835 ataques diarios de phishing (captura de información mediante algún tipo de engaño), entre otros.

También debemos recordar que no solo estamos expuestos a ataques externos en nuestras organizaciones; los delitos informáticos también están relacionados con el robo y comercialización de información personal y empresarial, que en la mayoría de casos se hace desde el interior de las mismas empresas víctimas. A veces podemos pensar que nuestro computador no tiene información importante, pero a través de estos robos, los delincuentes pueden incluso tomar los datos de nuestros productos bancarios o formas de pago y acceder a nuestras cuentas. Por eso es vital considerar este tema.

Analicemos algunas herramientas y servicios para entender mejor la importancia de tomar las medidas preventivas contra los delitos informáticos.

Claves o contraseñas:

a. Utilice clave para acceso y desbloqueo de la pantalla en su computador.
b. Utilice clave de acceso y desbloqueo de pantalla para su teléfono móvil.
c. Tenga claves robustas en su correo electrónico, páginas o aplicaciones bancarias, tarjetas débito y crédito, redes sociales. Cambie sus contraseñas con frecuencia y no las comparta.

d. Debido a la cantidad de usuarios y contraseñas que se manejan diariamente y con la posibilidad de olvidarlas o mezclarlas entre sí, tenga en un lugar seguro esa información, donde solo usted sepa que existe para su consulta. Existen aplicaciones en su teléfono móvil para guardarlas, pero si confía más al tenerlas escritas, guárdelas en un lugar y de manera que nadie pueda sospechar que son contraseñas y a qué corresponden *(Nota 3)*.

Información personal:

a. No confirme información personal, bancaria o de claves por teléfono ni por escrito en correos electrónicos ni mensajes de texto, nadie se las puede exigir, sospeche inmediatamente. Una respuesta sugerida, "si usted es del banco, usted tiene mis datos".
b. Hay juegos en redes sociales que piden acceso a su información, no lo autorice y recomendaría salirse de ese juego. Hay otros juegos que hacen preguntas que coinciden con las preguntas comunes de seguridad, nombre de la primera mascota, su artista favorito, el colegio que ha preferido, etc., no ingrese a ningún juego, ni actividad en línea donde le pregunten datos personales.
c. Cuando reciba una nueva tarjeta débito o crédito y le pidan activar la clave en el banco, cajero o telefónicamente, prográmela con una contraseña temporal y terminada la activación y la prueba, proceda a cambiarla por su contraseña real.
d. Recuerde que los sensores de sus relojes inteligentes y otros equipos denominados "wearables" transmiten su información. Todo el tiempo lo están oyendo, de esa forma pueden darle instrucciones que cambie de música o la intensidad de la luz, etc. Configure correctamente la privacidad de dichos datos para no arriesgarse innecesariamente.

e. Así mismo, en los dispositivos que tengan cámara, instale los accesorios para cubrirla o descubrirla de acuerdo a su uso.

Software:

a. Utilice software legal en todos sus dispositivos.
b. Mantenga actualizado el software que utiliza en sus dispositivos y aplicaciones; comúnmente las actualizaciones vienen con mejoras para la protección de sus datos.
c. Cada día es menor y tiende a desaparecer el uso de las memorias USB, pero si debe utilizarlas, haga siempre la verificación previa con el antivirus actualizado.

Pagos en línea:

a. Ante la coyuntura que estamos viviendo por el COVID-19 nos hemos visto en la necesidad de hacer muchas transacciones y pagos desde las plataformas bancarias, si por algún motivo le bloquean la cuenta, busque asesoría directa del banco y no por llamadas o enlaces que le envíen a su teléfono o correo electrónico, puede ser fraude.
b. Mantenga un estricto control de las compras que hace a domicilio y que paga con alguna tarjeta débito o crédito, pida que le lleguen alertas al correo electrónico y/o por mensaje de texto de las transacciones que se generen con sus productos bancarios y en caso que note algo irregular o sospechoso, bloquee sus productos.
c. Al pagar con alguna tarjeta nunca la descuide.
d. Para hacer compras en línea, hágalo a través de empresas conocidas y con respaldo; hay demasiadas ofertas en la red; lo barato puede salir muy caro.
e. Atienda las recomendaciones que le da su banco sobre ciberseguridad.

f. Recuerde no leer en voz alta o dar sus datos bancarios, de tarjeta o de pago ya que los celulares y computadores tienen sistemas que escuchan nuestra voz (como Siri, Alexa y otros). Tampoco las comparta en mensajes o correos electrónicos.

Acceso a información o enlaces (links) desconocidos o sospechosos:

a. No abra mensajes ni páginas que le lleguen mediante mensajes de texto o aplicaciones de comunicación instantánea, como WhatsApp sin conocer el origen. Utilice el sentido común antes de caer en una trampa por promociones, rifas y premios donde no se ha inscrito, herencias de familiares que no conoce, así como páginas web con direcciones dudosas. Si recibe una oferta del banco para mejorar su crédito, primero comuníquese con su banco y pregunte si esa oferta existe, etc.

b. No abra ni reenvíe cadenas en redes sociales, ni noticias o enlaces que no le conste su veracidad y origen. Simplemente bórrelas y si le causaron curiosidad busque en las páginas oficiales del gobierno o en los medios de comunicación si aparece alguna información al respecto.

Eventos en línea:

a. En la asistencia a eventos en línea como Webinars o conferencias confirme el origen de la invitación y si le piden inscribirse y recibe una contraseña para ingresar posteriormente, no comparta esa contraseña, es solo para usted.

b. Encontrará en la red varias alternativas para realizar videoconferencias, asesórese acerca de la seguridad que ofrece cada una antes de seleccionarla; cuando alguna plataforma cobra a los empresarios ofreciendo que es segura, pero permite acceder gratuitamente a otros, es mejor sospechar y buscar alternativas.

Denuncie y comparta las alertas:

a. Si le intentan cometer o le cometen un delito informático denuncie y sea solidario con las personas cercanas advirtiendo de lo sucedido para que nadie más sea blanco de estos ataques.

En cada uno de nuestros países existen mecanismos o medios para denunciar estos delitos; en el caso de Colombia se realiza a través de la página web del Centro Cibernético Policial de la Policía Nacional https://caivirtual.policia.gov.co/ y https://adenunciar.policia.gov.co/

Si el delito es cometido a través de sus productos bancarios debe informar al banco; si se trata de suplantación en las redes sociales, cambie claves, avise a sus contactos y denuncie en la respectiva red social.

Capítulo 3

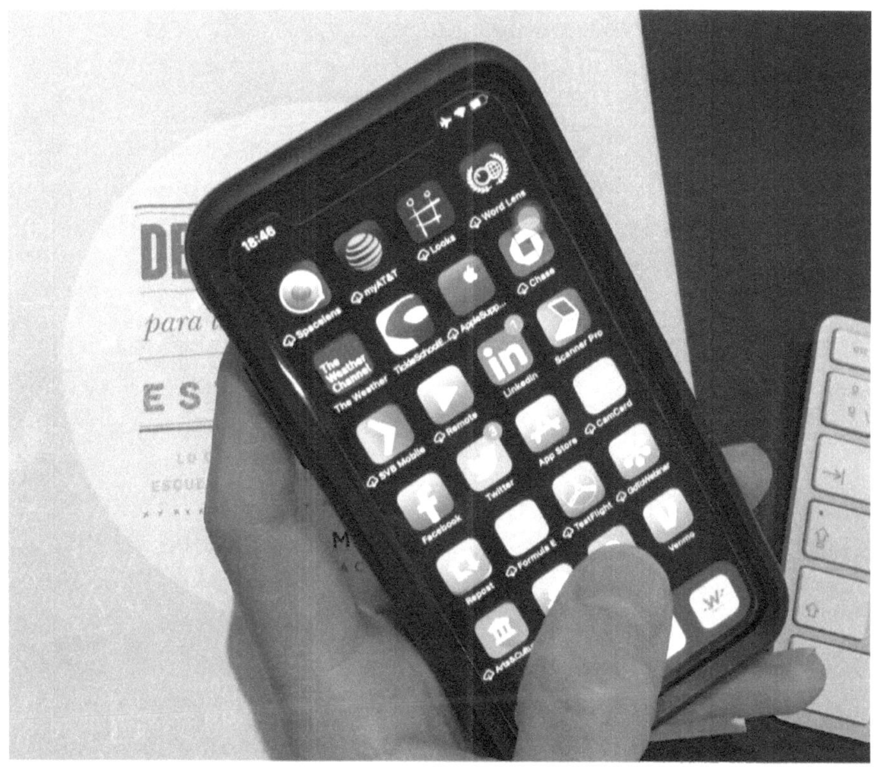

Protocolo y etiqueta en el uso del teléfono móvil

El teléfono celular es una herramienta que nos acompaña desde mediados de los años 90 para facilitarnos la comunicación, brindando movilidad e independencia.

Hoy, el desarrollo tecnológico lo ha convertido en un pequeño computador portátil con múltiples funciones y capacidades, al cual la inmensa mayoría de personas tenemos acceso y utilizamos constantemente, haciéndonos cada día ser más dependientes de él.

A lo largo de los años se ha insistido en la necesidad de limitar su uso en tiempo y espacio para compartir más tiempo e interactuar con las personas que tenemos a nuestro alrededor y no estar inmersos en una pantalla tantas horas al día.

A continuación, enumeraré las normas que debemos aplicar para el correcto uso del teléfono móvil, basadas en el respeto hacia los demás, la salud física y salud mental de todos.

a. Al utilizar las funciones y capacidades de su teléfono ponga en práctica todas las recomendaciones de ciberseguridad para evitar robo de datos, ingreso de virus a su dispositivo o suplantación.
b. Defina cuál es el uso que le dará al teléfono celular (comunicación telefónica, comunicación telefónica y escrita (aplicaciones de comunicación instantánea), mensajes de texto, cámara fotográfica, consulta del correo electrónico, de redes sociales, estudio, juegos y las distintas aplicaciones que le puedan ser útiles o que le gusten.
Las demás aplicaciones y funciones que le ofrezcan y no utilice, bórrelas y tendrá mayor capacidad de almacenamiento, velocidad de funcionamiento y menos distracción.
c. Aún cuando lleve todo el tiempo con usted el teléfono móvil para hacer y recibir llamadas, establezca tiempos para revisar las demás funciones.

d. Si está en su casa, deje el teléfono en un lugar específico y descanse de él. Y en tiempos de distanciamiento social, en el cual estamos la mayoría del tiempo desde casa, busque crear rutinas que lo distancien del teléfono cuando sea posible hacerlo.

e. No lleve el celular a la mesa del comedor, tome sus alimentos con tranquilidad, disfrute esos momentos en familia, para hablar entre ustedes y no estar pendiente del equipo.

f. Si suena el teléfono durante ese tiempo de las comidas, no lo conteste y posteriormente devuelva la llamada.

g. Recuerde hacer las llamadas telefónicas de trabajo dentro de los horarios laborales o coordinen previamente el horario si es antes o después de horas hábiles. Las llamadas de urgencia hágalas en el momento que se requieran, pero que sean eso: de urgencia o emergencia. No convierta las llamadas en urgencia por no haber previsto u olvidado ciertos temas, espere al día siguiente. Su interlocutor debe desconectarse también.

h. No haga videollamadas sin haber acordado con la otra persona hacerlo. En caso de ser familiares y amigos de confianza, establezcan sus reglas por respeto y comodidad de ambas partes.

i. Cuando considere que puede ser inoportuno llamar, ya sea por el horario o porque la otra persona posiblemente no tiene su número grabado, escríbale un mensaje previo. Si al llamar no le contestan, deje mensaje de voz o envíe un mensaje escrito corto para que lo identifiquen y deje pasar unos minutos para volver a llamar, la otra persona también tiene otras ocupaciones y tal vez no puede contestarle en ese momento.

j. Si necesita hacer una llamada a una persona que no conoce, establezca previamente comunicación a través del correo electrónico o con una comunicación formal explicando su interés, tema a tratar y tiempo calculado para la llamada.

k. Dependiendo de la formalidad o como lo hayan establecido después de la primera llamada podrán utilizar WhatsApp, mensajes de texto o cualquier otra aplicación afín para tener una comunicación más ágil.

l. Para escribir a otras personas utilice las herramientas del teléfono como mensajes de texto o WhatsApp.

m. Con el trabajo y/o estudio en casa, tenga el teléfono cerca de usted, pero donde no lo distraiga o incite a revisarlo constantemente.

n. Bloquee las alertas de cada una de las aplicaciones para evitar distracción y programe un tiempo específico para su revisión.

o. Si se encuentra en un lugar fijo, casa u oficina escriba los correos electrónicos desde su computador preferiblemente, no desde el teléfono. El uso del teclado es más cómodo y saludable para sus articulaciones. Así mismo el tamaño de la letra es mejor para sus ojos.

p. Si en su casa u oficina tiene teléfono fijo y su interlocutor también lo tiene, úselo cuantas veces sea posible, así deja de lado un tiempo el teléfono móvil, sus emisiones electromagnéticas, reduce el consumo de tiempo y datos y se libera un rato del equipo.

q. Si en el espacio donde trabaja o estudia hay más personas a su alrededor, mantenga su teléfono en silencio, en modo vibración, o con un sonido muy bajo para no incomodar o desconcentrar a los demás.

r. Para contestar y atender las llamadas utilice un lugar privado o alejado de sus demás familiares, compañeros de trabajo o estudio para no incomodar o desconcentrarlos.

s. No utilice el altavoz de su teléfono para atender las llamadas, no solo por privacidad de su conversación, sino por respeto a quienes lo rodean. Si va a oír noticias o música desde su teléfono, utilice audífonos también.

t. Por su seguridad y de la información que maneja, no abra ni reenvíe mensajes, enlaces, correos electrónicos ni ofertas que le lleguen a su teléfono sin confirmar la fuente.

---

u. No deje el teléfono móvil en su mesa de noche y así podrá reducir las emisiones electromagnéticas mientras duerme.

v. No deje el celular conectado cargando la batería y que sobrepase el 100% de carga, esto puede producir calentamiento y explosión de la batería.

w. Cuando esté en medio de una conversación evite distraerse con el teléfono móvil, es irrespetuoso hacia sus interlocutores.

x. Si está en una reunión y va a tomar nota en su celular o en su tableta, advierta previamente a los asistentes para que no se incomoden y malinterpreten que está distraído en otros temas o comunicándose con otras personas.

y. En caso de necesidad de grabar una reunión para levantar el acta de la misma, pida con anticipación el beneplácito de todos los participantes y cuando empiece a grabar registre en el audio y en el acta esa autorización, dejando consignado igualmente que esa grabación se utilizará únicamente con fines del levantamiento del acta y será borrada inmediatamente al término de la revisión y aprobación del acta.

z. Dese la libertad de contestar o no el teléfono móvil, pero eso si, por educación y cortesía si conoce el número o reconoce quien le dejó el mensaje de voz, devuelva la llamada.

Le sugiero concentrarse en lo que esté haciendo; si es hora de trabajar debe pensar en trabajo y no en su deporte favorito, pero si está practicando su deporte favorito, disfrútelo y no se distraiga pensando en el trabajo. Aplique esta frase con la persona que tiene en frente y con la persona que está al otro lado del teléfono móvil, dele el tiempo oportuno y el respeto a cada uno de ellos.

Capítulo 4

Envío Manual de Protocolo y Etiqueta Digital

Apreciados lectores buenos días.

Reciban un cordial saludo.

Deseo que tanto ustedes como sus familias se encuentren muy bien de salud.

Es un gusto para mi compartir con ustedes este Manual que he escrito con el convencimiento que puede ser de gran utilidad para muchas personas.

Les agradezco de antemano su lectura, su análisis y su aplicación.

De igual forma les reitero mi interés en conocer sus comentarios y sugerencias, se los agradezco.

Envio adjunto el documento para su lectura y aprovechamiento.

Cordialmente,

FELIPE ANDRES FORERO HAUZEUR
Co-Founder & Managing Partner @BCPartners
LATAM Executive Director @americas_cyber

https://www.linkedin.com/in/felipe-andres-forero-hauzeur/
Twitter: @FELIPEFOREROH
Instagram: @felipeandresforerohauzeur

Toca para descargar

Protocolo y etiqueta en el uso del correo electrónico

La comunicación a través del correo electrónico se ha intensificado con el teletrabajo y con el trabajo y estudio remotos, con el fin de enviar los documentos que se generan a distancia.

Existen herramientas de integración de correos electrónicos con otras aplicaciones y plataformas *(Nota 4).*

Con el tiempo, la práctica y el uso común del correo electrónico, hemos desarrollado una cultura para comunicarnos por este medio, del cual podemos recopilar algunas de sus características:

a. No envíe un correo electrónico de no ser necesario. Busque aprovechar las herramientas de trabajo colaborativo que eviten un alto volumen de correos para coordinar una reunión o para revisar versiones de un documento *(Nota 5).*
b. Cuando necesite enviar el mismo mensaje a distintos destinatarios, utilice las alternativas CC (Copia Carbón) donde recibirán el mismo mensaje y todos verán a cuáles otros correos fue enviado; o CCO (Copia Carbón Oculta) donde recibirán el mismo mensaje, pero solo aparecerá la dirección propia.
c. Escriba siempre el asunto o el título del correo con datos relacionados a su contenido para mayor facilidad de búsqueda posterior. Comúnmente las organizaciones tienen protocolos de manejo de correspondencia y archivo donde le indicarán cómo describir el título del correo.
d. No escriba en letras mayúsculas porque puede ser interpretado como si estuviera gritando.
e. Utilice en forma correcta la gramática y la ortografía en sus mensajes y documentos, son su carta de presentación *(Nota 6).* Cuando tenga dudas sobre alguna palabra, consulte un diccionario.
f. Diríjase a la persona destinataria con la educación y formalidad que lo haría si estuviera frente a usted.
g. Si el correo lleva algún documento adjunto, explíquelo en el mensaje.

h. Existen dos formas de confirmar la recepción de un correo electrónico, programando la alerta de recibido o una de mayor cortesía que es escribiendo al final del mensaje, favor acusar recibo, confirmar recibo o una frase afín.

i. El texto del correo debe ser claro y conciso, si es un tema extenso puede hacerlo mediante un documento adjunto o una llamada.

j. Antes de enviar un correo electrónico, revise las direcciones, para evitar el envío de información a quien no corresponda o que no llegue al destinatario por algún error ortográfico.

k. Si va a enviar el correo con documentos adjuntos, revise el peso de los archivos (el tamaño de memoria que ocupa) y el formato en que quiere enviarlo, para que pueda ser o no ser modificado.

Capítulo 5

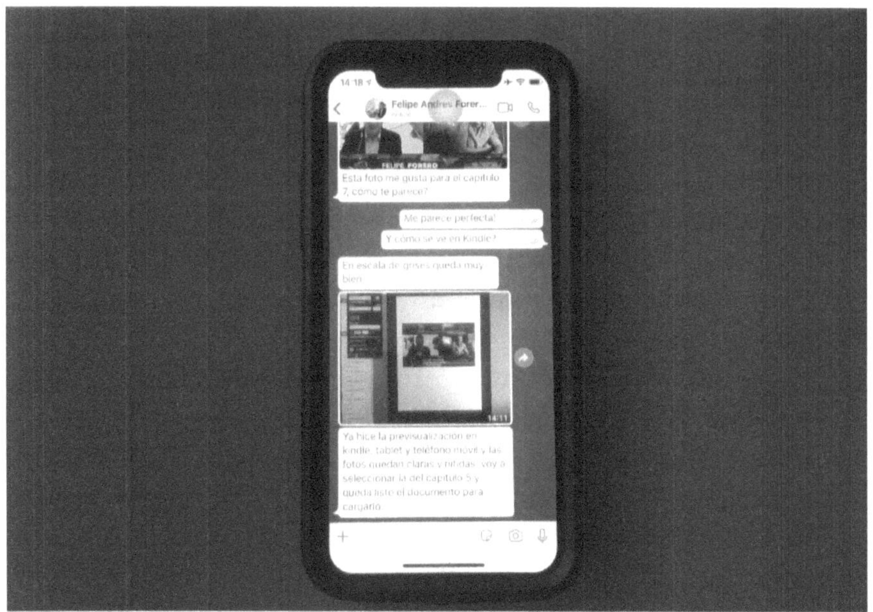

Protocolo y etiqueta en el uso de aplicaciones de comunicación instantánea

Una manera muy rápida y práctica de comunicación es a través de mensajes de texto, mensajes de voz o de llamadas mediante el uso de aplicaciones de comunicación instantánea *(Nota 7)*.

Estas aplicaciones nos permiten comunicación individual o grupal y por ello hay que aplicar protocolos para su uso adecuado.

a.   Salude al iniciar una comunicación escrita.

b. Escriba los mensajes con buena ortografía, es su carta de presentación. No confíe en el auto corrector que en algunas ocasiones no corrige, sino que además cambia palabras y puede modificar el contexto del mensaje.

c. Después del mensaje inicial de saludo, espere que le respondan para enviar el segundo mensaje; en ocasiones puede tener un número equivocado y enviarle la información errada a otra persona.

d. Sea claro y conciso en los mensajes; por ser un medio de comunicación rápida escriba en un párrafo la idea que tiene, para que su interlocutor pueda leer y entender de qué se trata.

e. Evite escribir con abreviaturas y emoticones; escribir palabras incompletas refleja pereza y en realidad los microsegundos que se ahorra al no escribir la palabra completa, darán una mala imagen de quien escribe. El uso de emoticones es para complementar o hacer divertida la comunicación, utilícelos con personas de confianza y en comunicaciones informales, no lo haga en un mensaje de trabajo y formal.

f. Recuerde que con cada texto que envíe generará una alerta (sonido o vibración) en el teléfono del receptor, entonces evite enviar frases cortas como si estuvieran hablando personalmente. Agrupe las ideas y envíe mensajes completos que interrumpan de la menor manera posible al lector.

g. Utilizar esta herramienta es muy útil antes de hacer una llamada con el fin de saber si la otra persona está disponible. Le puede preguntar a qué hora puede llamarle y el tema del cual necesita hablarle, para que esté preparado.

h. Por esta misma razón tenga paciencia al escribir un mensaje, puede que su interlocutor esté ocupado, que abra y lea el mensaje, pero no pueda responder inmediatamente.

Esto genera molestia en quien lo envió al ver la notificación de mensaje leído y que no haya respuesta. Sea paciente, si después de un tiempo prudente no hay respuesta o si es muy urgente, insista. Pero si no lo es, dele tiempo a su interlocutor.

i. Si alguien no le responde, no envíe mensajes de voz o grabados por la plataforma de su preferencia, recuerde que si no ha podido responder es porque está ocupado y si usted envía un audio, mucho menos lo va poder revisar. Si el mensaje es tan extenso que requiere audio, espere y coordinen una llamada.

j. En el caso de que usted sea el receptor y no pueda atender la comunicación, revise su teléfono cuando tenga oportunidad y revise el mensaje. Si no identifica quién le está escribiendo, analice el mensaje, respóndalo pidiendo amablemente identificar quién escribe o simplemente déjelo como leído. Si ese mensaje es verdaderamente para usted, le volverán a escribir. Si son mensajes errados, sospechosos o que no le interesen, la aplicación le da la opción de silenciar las conversaciones, o de bloquear ese contacto.

k. Recuerde programar en su teléfono si quiere o no las alertas al recibir mensajes. Si lo quiere hacer en forma individual con algunos contactos, puede programar que estén en silencio por un tiempo determinado.

l. Una de las mayores facilidades de esta aplicación es la creación de grupos y la comunicación dentro de los mismos (familia, amigos, empresa, coleccionistas, etc.); por lo cual el protocolo de uso de esta plataforma se multiplica de acuerdo al número de integrantes.

m. Al crear un grupo de comunicación dele el nombre de acuerdo a su significado o interés e identifíquelo con una imagen que los una (un logo de la empresa, un escudo, una foto familiar, etc.).

Si es para un tema específico, impartan desde el principio las reglas para saber cuáles son los temas que los unen y qué restricciones puede haber.

n. Al igual que las demás herramientas de comunicación, utilícela en los horarios adecuados. Recuerde que puede dejar las notificaciones en silencio y de esta forma no recibirá las alertas con cada mensaje en los grupos que lo puedan distraer o incomodar. Esta recomendación es muy útil cuando hay miembros del grupo en otros países con diferencia horaria o cuando los temas que se tratan pueden ser revisados posteriormente.

o. Para no afectar la capacidad de memoria y por ende la velocidad de funcionamiento de su teléfono, seleccione si quiere o no que las fotografías que envíen en el grupo se almacenen automáticamente en su teléfono o simplemente queden en la comunicación grupal.

p. Evite enviar cadenas que abundan en las redes sociales, así como noticias que no conozca la fuente, ni la veracidad. Muchos de esos enlaces o links son falsos y conducen a páginas web ilegales o fraudulentas, donde pone en riesgo su credibilidad, su seguridad y la seguridad de su información, así como la de los demás integrantes del grupo.

q. Estas herramientas también son muy útiles para hacer llamadas con sus contactos sin importar su ubicación en el planeta y sin costo adicional, solo depende de la señal de internet que tenga. En ellas aplique el protocolo al que nos referimos en el capítulo anterior y en la diferencia horaria entre distintos países.

r. A su vez, encontramos en las plataformas la posibilidad de realizar videollamadas entre dos (2) y hasta ocho (8) participantes; respecto a su correcto uso nos referiremos en el siguiente capítulo.

Capítulo 6

Protocolo y etiqueta en las videollamadas

Dentro de las funciones o capacidades que tienen los teléfonos móviles, las tabletas y los computadores está la videollamada, la cual es comúnmente utilizada entre personas con mucha confianza para comunicarse y verse fácilmente sin necesidad de utilizar una plataforma en internet desde su computador.

Como existen varias alternativas para realizar este tipo de videollamadas *(Nota 8)*, utilice la que más le guste o le convenga de acuerdo a las características del equipo y las capacidades de la red.

El protocolo para el uso de esta herramienta es el siguiente:

a. Para hacer una videollamada coordine previamente con su interlocutor, por respeto y comodidad de ambas partes; para que la otra persona esté en un lugar adecuado para atenderla y en las condiciones para hacerlo (no recién levantado, sin bañar o sin peinar, etc.).

b. Al atender una videollamada utilice siempre audífonos, esto le dará privacidad a su conversación y le permitirá mantener distancia a la cámara para ver y que lo vean bien.

c. Ubíquese de forma que la luz le ilumine la cara y no quede a su espalda, debido a que le generará el efecto de contraluz y ni usted se verá correctamente en la cámara, ni podrá ver bien la pantalla por el reflejo adicional.

d. Si cuenta con alguna base para el teléfono o la tableta, utilícela en este tipo de llamadas por su comodidad y estabilidad de la imagen. Si no tiene una base específica, utilice su imaginación y creatividad para diseñar y hacerla, le será de gran utilidad.

e. Procure permanecer en un solo sitio durante la videollamada o si va a mostrar su entorno con la cámara a su interlocutor, hágalo despacio para que este pueda ver bien las imágenes que usted quiere mostrar y no le produzca mareo. También revise las condiciones de luz para que pueda ver bien.

f. Al igual que en las llamadas, no consuma alimentos ni bebidas, el sonido y las imágenes no son agradables. En todo caso recuerde mantener el micrófono bloqueado cuando no esté hablando.

g. Hable en un volumen adecuado; utilizar audífonos nos hace percibir el sonido de otra forma y usualmente hablamos más fuerte. Pregunte como lo oyen y regule su volumen, así como el volumen del teléfono si la otra persona empieza a hablar más fuerte.

h. Por mirar la imagen de la otra persona en pantalla (a los ojos), como lo hacemos personalmente, siempre se tiende a bajar la mirada, intente mantener los ojos en la cámara y repita este procedimiento para poder ver al interlocutor y que él también lo vea bien a usted. Recuerde siempre su expresión corporal o lenguaje no verbal.

En estos tiempos de aislamiento preventivo es muy útil esta forma de comunicación para poderse ver con las demás personas que se encuentran fuera de su hogar.

Capítulo 7

Protocolo y etiqueta en las videoconferencias

Este tipo de reuniones se ha vuelto muy común, no solo por el teletrabajo establecido en nuestros países desde hace varios años -en el caso de Colombia, regulado desde 2008- sino, por el trabajo remoto al que nos hemos visto obligados por la coyuntura actual causada por el COVID-19, donde la inmensa mayoría de las personas hemos requerido hacer uso de esta herramienta para permanecer en contacto con los demás miembros de la empresa, familiares y amigos.

Una regla común a todas, es buscar la plataforma que requiera la tecnología con la que cuenta quien menor capacidad tiene en el grupo. Por ejemplo: no escojamos una plataforma de alto consumo de ancho de banda cuando vamos a incluir a muchas personas del equipo o cuando no sabemos qué capacidad de internet tienen los demás.

A continuación, analizaremos en dos categorías las videoconferencias, según su uso: reuniones formales y reuniones informales.

Sección 1: Reuniones formales

En esta categoría encontramos las reuniones laborales de planeación, rendición de cuentas, por grupos o áreas de trabajo, para iniciar o cerrar negocios, entre muchas otras.

El mercado ofrece distintas plataformas para la realización de estas videoconferencias o reuniones grupales en línea, por lo tanto, es recomendable revisar y utilizar la que más se ajuste a sus necesidades, pero, sobre todo, teniendo en cuenta siempre las recomendaciones de ciberseguridad.

Así como aplicamos las normas de protocolo y etiqueta para citar y asistir a una reunión presencial, igualmente debemos cumplirlas cuando se trata de reuniones virtuales o mediante videoconferencia, aplicando las siguientes recomendaciones:

a. Serán citadas por la persona de mayor precedencia o jerarquía en la organización.
   Hay muchos motivos para citar a una reunión, por eficiencia y productividad se deberá citar exclusivamente a las personas necesarias, entre menor sea este número, mucho mejor.
   Cabe anotar que en muchas organizaciones es más flexible la citación o solicitud de reuniones, para lo cual deben seguir empleando las directrices establecidas al interior de la misma. Analice también si el tema a tratar amerita una reunión o se puede solucionar solo con una llamada.
b. La reunión se citará en día y hora hábil.
   No confundamos teletrabajo o el trabajo remoto con disponibilidad total. Por respeto a las personas y a las demás actividades que deben realizar y supervisar como miembros de familia utilice el tiempo adecuado.

c. La reunión se citará mediante llamada, mensaje escrito o correo electrónico, especificando la hora, duración, tema y agenda a tratar, la plataforma a usar, instrucciones y claves de acceso, listado de participantes y, en caso de ser necesario, el traje a usar.

   Con estos datos logrará que los participantes se preparen y cuenten con la información necesaria para la reunión y optimizará el tiempo y los resultados. Eficiencia.

d. Así mismo es muy importante la reserva y cuidado con las claves de acceso. Cada persona debe conocer exclusivamente la suya y no compartirla para evitar delitos cibernéticos, como la suplantación, ingreso de personas no autorizadas o el robo de datos.

e. Cuando se trate de una reunión de negocios con personas ajenas a la organización se debe acordar entre las personas involucradas la fecha y hora de la videoconferencia; no la cite unilateralmente.

   Como muestra de cortesía con su interlocutor no imponga fechas ni horarios, dé inicio a su reunión de negocios presentando distintas alternativas sobre la mesa y acordando conjuntamente su programación. Y si son reuniones recurrentes acuerden una agenda de fechas y prográmenlas desde el inicio para que las demás personas puedan organizar de mejor manera su tiempo.

f. Hay herramientas que facilitan la coordinación de agendas entre equipos de trabajo o personas de diferentes equipos, evitando un gran volumen de mensajes de correo para algo que puede coordinarse en minutos *(Nota 9)*.

g. Cada uno de los participantes debe revisar la capacidad de la señal de internet del lugar donde se encuentra por wifi o cableado en caso de ser posible para mejor desempeño de video y sonido.

h. Ingrese a la plataforma algunos minutos antes para asegurar que la cámara y el micrófono están funcionando, luego de la prueba bloquee el micrófono y la cámara hasta el inicio de la reunión; se recomienda mantener el micrófono en silencio y solo activarlo cuando le den la palabra.

i. Si se estableció que se van a reunir mediante una videoconferencia, evite acceder sin imagen a la cita; si su computador falla, ingrese desde el teléfono celular o tableta, pero la falta de la imagen puede generar desconfianza en su interlocutor o de lo contrario, sencillamente programen una llamada.

j. Prepare y tenga a la mano todos los documentos y demás elementos que pueda necesitar durante la videoconferencia para evitar levantarse y ausentarse de la reunión.

k. Por respeto a sus interlocutores la reunión debe empezar a la hora citada.

l. Inicie la reunión con un saludo amable, dando la bienvenida a los participantes y en especial a las personas invitadas especiales y/o ajenas a la organización; para ello puede utilizar un formato de abrebocas o saludo protocolario para tener clara la precedencia de sus invitados.

m. Es de gran valor enviar con anterioridad a sus colaboradores los perfiles de las personas invitadas ajenas a la organización o sus links para ser buscados en redes sociales como LinkedIn, para que tengan claro con quién o ante quién van a interactuar.

n. Antes de entrar en materia en la reunión, establezca las reglas para desarrollar la reunión, la agenda, la metodología para pedir la palabra; algunas aplicaciones tienen la opción para pedir la palabra, en otras se hace a través del chat de la conferencia.

o. En caso de hacer una pregunta o tener participación de la reunión, diríjase a la persona con nombre propio antes de hablar, debido a que no puede dirigir su cara a esa persona como lo haría de manera presencial y de esa forma generará más cercanía y empatía.

p. En caso de necesidad de grabar una reunión para levantar el acta de la misma, pida con anticipación el beneplácito de todos los participantes y cuando empiece a grabar registre en el video y en el acta esa autorización, dejando consignado igualmente que esa grabación se utilizará únicamente con fines del levantamiento del acta y será borrada inmediatamente al término de la revisión y aprobación del acta.

Algunas plataformas solicitan el permiso a cada asistente, en otros casos y por cortesía manifieste verbalmente antes de iniciar la reunión o para evitar posibles inconvenientes o repercusiones legales, pregunte por escrito y pida que la respuesta sea igualmente por ese medio para dejar constancia y especificando su uso posterior.

q. Siempre esté vestido y peinado de acuerdo con la ocasión.

r. Tenga un espacio adecuado y privado para atender la videoconferencia; solicite en su casa o el lugar donde se encuentre no ser interrumpido durante el desarrollo de la misma y adicionalmente que se eviten ruidos. Así mismo es de vital importancia que cuando vaya a tratar temas con niveles de confidencialidad o privacidad, especialmente al hablar de trabajo, esté seguro de que las demás personas en su hogar no estén escuchándolo. Si no le es posible estar seguro de dicha privacidad, comente a sus interlocutores la situación. Esto hará que la confianza se mantenga y en algunos casos, que se decida no tratar esos temas de manera abierta para garantizar la confidencialidad.

s. En las circunstancias actuales pueden existir ruidos que no podemos controlar producidos por vecinos, obras en construcción, etc.; si es su caso, antes de iniciar la reunión comente a sus interlocutores su situación, presentando excusas con antelación. Es el momento adecuado para ser comprensivos y flexibles si se presenta algún ruido o interrupción. Para evitar esos ruidos, reitero mantener el micrófono silenciado hasta cuando deba hacer uso de la palabra.

t. La iluminación del espacio donde se encuentra debe ser adecuada para que lo vean bien a usted y para que pueda trabajar cómodamente; luz de frente a la cara, no a contraluz, revisar el fondo de la imagen, persianas, cortinas, etc. Un fondo recargado o inadecuado puede generar distracción a los demás, entre más sobrio, mejor. Algunas aplicaciones le permiten escoger una imagen de fondo predeterminada, se debe escoger muy bien o diseñar para los empleados de la empresa un solo fondo con los logos de la empresa. En caso de no utilizar ninguna imagen, revise el espacio que estará a su espalda para que esté ordenado y no haya objetos que distraigan la atención de los demás.

u. Tenga mucho control sobre la comunicación no verbal. Su comportamiento durante la videoconferencia debe ser igual o más estricto que en una reunión presencial, debido a que el lenguaje corporal es muy importante, la interacción virtual lo hace muy evidente.

v. Mantenga su atención en la reunión, haga lo posible siempre por mirar hacia la cámara (ver la imagen de los demás en pantalla, suele hacer bajar la mirada, hágalo, pero vuelva la mirada a la cámara); evite revisar el teléfono celular o hacer otras cosas durante la videoconferencia y limite al máximo usar el teclado del computador (excepto para tomar apuntes o enviar un mensaje en el chat de la reunión) para que no parezca que está distraído en otro tema.

w. Si va a consumir alguna bebida téngala a su lado e ingiera el líquido en forma pausada. No consuma gomas de mascar o comida durante una videoconferencia.

x. En caso de que haya sido planeada la videoconferencia como almuerzo de trabajo, recuerde aplicar todas las normas de educación y etiqueta en la mesa. Al momento de ingerir alimentos, evite introducir el tenedor en la boca directamente frente a la cámara, hágalo girando un poco la cara hacia su derecha para hacerlo más discreto y por supuesto masticar con la boca cerrada y no hablar con la boca llena.

Recomiendo evitar la práctica de desayunos, almuerzos o cenas de trabajo por videoconferencia; no es agradable ver personas comiendo a través de una pantalla y no contribuye al bienestar de las personas al estar frente al computador tanto tiempo, teniendo en cuenta que los espacios de las comidas son momento de relajación y cohesión familiar.

y. En caso de desconexión por cualquier motivo, falla de internet, interrupción del fluido eléctrico, o cualquier otra causa, avise por medio de mensaje de texto o WhatsApp a alguno de los asistentes a la videoconferencia para que conozcan lo sucedido e intente conectarse mediante otro medio posible o explique si no puede hacerlo, para que los demás conozcan lo que está sucediendo.

z. Si usted tiene la responsabilidad de hacer alguna presentación con ayudas o imágenes compartiendo pantalla, envíe con anterioridad la presentación o los documentos a otra persona de su área o de su confianza que vaya a participar en la reunión para que, en caso de desconexión de su computador, de baja calidad de la señal de internet o interrupción de fluido eléctrico, pueda conectarse por cualquier otro dispositivo móvil y continuar con su presentación, aunque alguien la pase remotamente.

aa. Al finalizar la videoconferencia, recuerde agradecer, despedirse y esperar a desconectarse en el momento adecuado, no se apresure a hacerlo.

Un notable gesto de cortesía y de gran valor es enviar un correo electrónico de agradecimiento a su interlocutor después de la reunión.

Sección 2: Reuniones informales

Así como ha aumentado el desarrollo de reuniones formales de trabajo, se están utilizando las plataformas para hacer reuniones informales de familia, de amigos, celebrar fechas especiales y muchas más, para poder verse y reunirse con esas personas que hoy no podemos hacerlo.

Este tipo de reuniones también necesitan la aplicación del protocolo, así como alistamos nuestra casa para recibir familiares y amigos, como en una cena formal.

a. La videoconferencia puede ser citada por cualquiera de los interesados, acordando fecha, hora y el motivo o tema de la reunión.
b. Deben estar vestidos en forma adecuada. Si se trata de alguna fecha especial de otra persona o la suya, pueden sugerir la forma de vestirse o disfrazarse, algo temático que los saque de la rutina semanal y haga sentir mejor al homenajeado.
c. Al igual que en toda comunicación hay que utilizar el lenguaje y vocabulario adecuado; por la informalidad de este tipo de reuniones nos relajamos y debemos ser más cuidadosos aún, por la presencia de menores de edad al lado de sus padres.
d. Cada uno de los participantes debe revisar la capacidad de la señal de internet del lugar donde se encuentra por wifi o cableado en caso de ser posible para mejor desempeño de video y sonido.
e. Ingrese a la plataforma algunos minutos antes para asegurar que la cámara y el micrófono están funcionando, luego de la prueba bloquee el micrófono y la cámara hasta el inicio de la reunión.

f. Quien haya invitado o esté liderando la reunión debe establecer las reglas para que todos puedan participar y de esta forma que no se salga de control, sea solo ruido y no puedan conversar y disfrutar del momento. Se recomienda mantener el micrófono en silencio y solo activarlo cuando vaya a participar.

g. Por respeto a sus interlocutores ingrese puntualmente para empezar a la hora citada.

h. Tenga un espacio adecuado y privado para atender la reunión; incluso si se trata de alguna celebración especial o una reunión con algún grupo específico, busque decorar el lugar con algo alusivo a la ocasión o ponga el fondo que le permita la aplicación sobre el tema seleccionado, un cumpleaños, una playa, algún paisaje, busquen alternativas distintas y divertidas para pasar un buen rato.

i. La iluminación del espacio donde se encuentra debe ser adecuada para que lo vean bien a usted e igualmente usted vea en forma correcta a las personas con quienes interactúa.

Capítulo 8

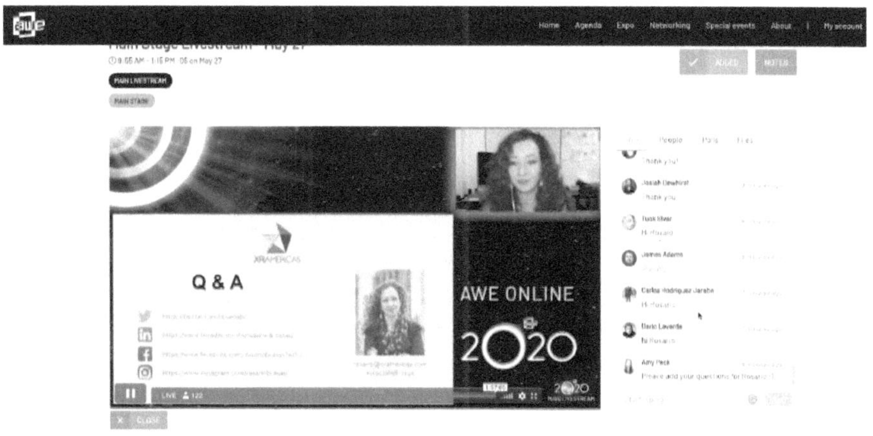

Protocolo y etiqueta en los eventos en línea

Las medidas adoptadas para atender la coyuntura actual, han fomentado el desarrollo y la difusión de eventos en línea permitiendo y facilitando la comunicación, el aprendizaje, la promoción de productos y servicios y la participación en eventos de distinta índole.

Con ello, también hemos aprendido rápidamente a diferenciar las distintas plataformas disponibles, sus capacidades, ventajas o desventajas, los modelos de eventos y cuáles se ajustan más a nuestras necesidades.

A diario tenemos la oportunidad de participar como invitados a estos interesantes eventos y en ocasiones tenemos la gran responsabilidad de crearlos, organizarlos y liderarlos, por lo tanto, a continuación, quiero analizar los eventos desde estas dos perspectivas: la visión del organizador y la visión del espectador.

Sección 1: Organización y ejecución de eventos en línea

Las necesidades actuales de comunicarnos y las herramientas que la tecnología nos brinda, nos permiten hacer muchos tipos de eventos en línea y dependiendo del tema, del público objetivo, de la magnitud del evento y el tiempo, encontramos muchas alternativas de plataformas para hacerlo y como organizadores somos los responsables por optimizar las condiciones de ciberseguridad en nuestro evento a la hora de escoger el medio para realizarlo *(Nota 10).*

Si el evento tiene algún costo para su lucro o para apoyar alguna causa social, es muy importante que sea claro al momento de invitar.

Ahora encontrará las recomendaciones básicas para organizar un evento en línea:

a. Prepare el evento con suficiente anticipación.
b. Implemente el uso de listas de chequeo para tener un excelente resultado en su planeación. Al respecto podemos ayudarle en la creación e implementación de las listas.
c. Seleccione muy bien el tema y el número de eventos que puede necesitar para alcanzar el objetivo. Si son varios eventos revise la frecuencia, el horario de acuerdo con la asistencia al primero o de acuerdo con las sugerencias de los asistentes, al respecto.
d. Elija muy bien a los conferencistas de acuerdo al objetivo que quiera alcanzar.

e. Para escoger la plataforma donde realizar el evento, conferencia, entrevista o charla revise sus necesidades y las condiciones de ciberseguridad de todas las alternativas.

f. De acuerdo con la plataforma seleccionada, haga la invitación al público de su interés oportunamente a través de los canales digitales de su uso.

g. Si la plataforma escogida envía códigos de seguridad, verifique con personas de su confianza que se cumpla correctamente el proceso de envío, registro, confirmación y reenvío del código.

h. Prepare la hoja de vida de su(s) invitado(s) y aliste el cuestionario de preguntas con las cuales moderará el evento de acuerdo al objetivo planteado.

i. Como anfitrión presente en forma clara y resumida a su invitado(a) y de acuerdo con el formato del evento dele la palabra o inicie la entrevista de acuerdo con lo planeado.

j. Dicte las reglas del evento, la metodología, el canal para hacer las preguntas, el tiempo si es necesario. Y envíelas previamente a quienes participan del evento.

k. Ayude a generar y mantener un ambiente activo en el chat, generando un hilo conductor a lo largo de la charla, involucrando de alguna forma a los asistentes, saludándolos periódicamente y agradeciéndoles su participación.

Sección 2: Asistencia a eventos en línea

Asistir a distintos eventos como espectador se ha convertido en otra modalidad por estos días y de esa forma asistimos a conferencias, vemos entrevistas a través de las distintas redes sociales y cada una de ellas tiene condiciones especiales para acceder y participar.

Dentro de estos eventos encontramos conferencias por distintas plataformas en las que hay que inscribirse y a través de algún código de seguridad enviado al correo electrónico poder acceder (por ciberseguridad nunca comparta el código enviado); encontramos también Webinars, Facebook lives, Instagram lives, Youtube lives, programas o entrevistas por canales en línea, etc.; son muchas alternativas a nuestro servicio.

Para asistir a este tipo de eventos en línea los invito a atender las siguientes recomendaciones:

a. Seleccione los eventos que le interesen, pero no busque llenar su agenda con eventos, pues hay que seguir trabajando y cumpliendo con las responsabilidades regulares.
b. Registre en su agenda el evento de su interés para que en medio de tantas ocupaciones y alternativas no se le olvide.
c. Si el evento exige registro, hágalo oportunamente para que los organizadores puedan remitirle mediante correo electrónico las instrucciones y el código de ingreso.
d. Si se registró, ingrese y participe; al tener un cupo reservado y no usarlo puede haber limitado la posibilidad a otra persona de asistir. En caso de no poder hacerlo, cancele la inscripción con antelación y le dará oportunidad a alguien más.

e. Ingrese algunos minutos antes al evento, dado que algunas plataformas tienen límite de participantes y puede negar su ingreso.

f. Si la aplicación tiene uso de cámara y micrófono, mantenga el micrófono en silencio y permanezca con una correcta expresión corporal y comportamiento durante la charla, si debe ausentarse bloquee la cámara y aparecerá solo su foto o su nombre, pero no se verá el lugar vacío. Al regresar reactive la cámara, pero mantenga el micrófono en silencio.

g. Algunas plataformas cuentan con chat para conversación y chat exclusivo para preguntas. Al ingresar puede escribir un mensaje corto saludando y dando las gracias por la invitación, de esa forma anfitriones, conferencistas y participantes sabrán de su asistencia.

h. Si los organizadores invitan a participar activamente en el chat o quiere opinar en medio de la charla para avalar algún comentario o idea, hágalo de acuerdo con las reglas que se hayan establecido al inicio, siempre utilizando un lenguaje adecuado, respetuoso y constructivo.

i. Si el evento le ha generado interrogantes, haga sus preguntas en el canal estipulado para ello y tome nota de las redes sociales del conferencista para escribirle y poder profundizar en el tema.

j. Al terminar el evento escriba un mensaje corto agradeciendo la conferencia, la invitación y retírese cerrando correctamente las aplicaciones en su dispositivo.

Capítulo 9

Protocolo y etiqueta en clases en línea

Una de las mayores afectaciones de esta coyuntura mundial ha sido la necesidad de trasladar las aulas de clase a las casas y cambiar el entorno de nuestros niños, adolescentes, jóvenes y de los adultos que estamos estudiando.

En cada una de sus etapas, escolar o universitaria las exigencias son distintas, pero el reto es el mismo: concentrarse, aprender, autorregularse y mantener la sana convivencia en casa.

Soy consciente de que las condiciones para cada estudiante son distintas: hay planteles educativos que les ha costado más trabajo que a otros implementar la educación en línea; hogares donde hay varios estudiantes en distintos cursos y solo tienen un computador; otros hogares donde no hay computadores o no tienen acceso a internet y esto ha dificultado o frenado el proceso educativo de muchos estudiantes, lamentablemente. Espero que esta brecha se supere muy pronto, no solo por esta coyuntura sino en adelante para generar mayores oportunidades de igualdad y equidad.

Con la incertidumbre de cuánto tiempo más se extenderá esta pandemia, sin poder reactivar la asistencia presencial a los planteles educativos y teniendo en cuenta el período de formación tan importante en que están los niños y jóvenes en cada una de sus edades, lo adultos tenemos una gran responsabilidad de dar ejemplo, de ayudar a hacerles más fácil este proceso, a asimilarlo, a que aprendan a valorar las experiencias positivas de este tiempo, que valoren lo que tienen y que sus padres lo han conseguido y construido con trabajo y esfuerzo.

Por ello apliquemos entre otras, estas recomendaciones para recibir las clases:

a. Mantener a los niños y jóvenes con la rutina diaria para estar en clase a tiempo. Esa rutina es la que recomendé al inicio del manual sea construida entre todos los integrantes de la familia, respetando las necesidades y espacios de cada uno de los miembros.

b. Estar vestidos adecuadamente, uniforme, ropa deportiva o la que exija el colegio dependiendo de las clases. Y esto mismo aplica para jóvenes y adultos.

c. Contar con los elementos que se requieran para sus bloques de clases.

d. Darle su espacio y estar atentos si necesitan el apoyo de un adulto para alguna actividad.

e. Proveer el equipo y la conexión necesarios.

f. Realizar con anterioridad la prueba de sonido y video, bloquear micrófono hasta que le hagan preguntas o le den la palabra, según los lineamientos de cada profesor.

g. De acuerdo con las instrucciones del docente mantenerse en silencio y prestando atención a la clase en la cámara y sólo intervenir cuando sea necesario responder o presentar alguno de los trabajos realizados.

h. Utilizar siempre un vocabulario respetuoso hacia el profesor y hacia sus compañeros.

i. Enviar por correo electrónico o mediante la plataforma establecida los trabajos o tareas.

j. Aplicar las medidas de ciberseguridad en el manejo de contraseñas para ingreso a las plataformas escolares y universitarias. Hacer estas claves robustas y no compartirlas.

k. Presentar en vivo los trabajos que así lo exijan.

l. Crear los espacios y momentos para el juego, el esparcimiento y para intentar mantener las actividades extracurriculares que tenían como música, arte, danzas, todas aquellas que estén en capacidad de ser dictadas y de recibir, respectivamente.

m. En los colegios que lo permitan, genéreles actividades paralelas que los diviertan como utilizar disfraces, peinados distintos, cosas creativas que les harán esta situación más llevadera y toda la familia se divertirá también diseñando y elaborando estas actividades.

n. Mantener motivados a los menores con su ejemplo y actitud, no es fácil para nadie.

o. Inspirar en sus hijos la disciplina, aplicando el buen criterio de padres al exigirla; puede existir mucha tensión en cada uno de los miembros de familia, pero entre todos pueden ayudarse a sobrellevar esta situación.

p. Motivar a sus hijos a llamar y saludar a sus familiares, a sus amigos del colegio para que compartan experiencias y se mantengan en contacto, fortaleciendo estos lazos tan valiosos.

q. Fortalecer la comunicación y la confianza para que sus hijos le avisen sobre actividades, mensajes, personas o imágenes extrañas o sospechosas en la red; crearles ese criterio y protegerlos es nuestra responsabilidad.

r. Fomentar los buenos hábitos de la lectura, el dibujo, la música, armar rompecabezas, iniciar algún pasatiempo o colección; que ayuden con el cuidado de las mascotas, su alimentación, que muchas veces solo las tienen como compañía y son los padres quienes las cuidan.

Compartan con todos los integrantes de la familia las reglas y recomendaciones que este manual les prevé en cada uno de sus capítulos. Discutirlas y complementarlas puede ser un buen ejercicio en equipo, si así lo consideran conveniente.

Capítulo 10

¿Hacia dónde va el futuro?

El teletrabajo, el trabajo y el estudio remoto desde casa nos están generando grandes retos y no podemos procrastinar. Nos exige responsabilidad, autocuidado y compromiso con nuestro crecimiento personal y profesional. Las decisiones se deben tomar ya. Las acciones se deben tomar ya, planearlas entre todos como familia, como empresa, como organización, como sociedad.

Los gobiernos están actuando y tomando decisiones para nuestra protección y poniendo en una balanza la salud humana por un lado y la economía por el otro.

En algunos casos o países la balanza se inclina más hacia uno u otro lado y vemos a diario los resultados.

Considero que no podemos compararnos con ninguna otra persona, no podemos comparar nuestro hogar y nuestra situación con ningún otro hogar, cada uno tiene sus ingresos, cada uno tiene sus preocupaciones, cada uno tiene sus prioridades, cada uno tiene sus problemas, sus deudas, entonces no juzguemos tampoco, no estamos en el mismo barco. Estamos en la misma tormenta, pero en distintos barcos. Lo importante es ayudarnos entre todos para resistir la tormenta, mantenernos a flote y llegar a un puerto seguro.

Tenemos muchas herramientas para facilitar las cosas y la primera y más importante es nuestra capacidad de raciocinio, asumamos lo que está sucediendo con fortaleza y seriedad, a todos nos está afectando y entre todos debemos superarla. Entonces, a trabajar porque el mundo no va a cambiar, ya cambió, ahora quienes debemos cambiar y transformarnos, somos nosotros.

Empecemos como individuos a trabajar y planear qué estamos haciendo y hacia dónde queremos llegar, cuáles son nuestras alternativas, con quién contamos para construir ese camino, quiénes están bajo nuestra responsabilidad y planeemos nuestro presente y nuestro futuro. De nuestro criterio y de nuestras decisiones depende mucha gente.

Como directivos o trabajadores de una organización también tenemos grandes responsabilidades y grandes retos, pero solo los alcanzaremos si remamos en la misma dirección.

Sección 1: Empresarios y directivos:

Dado que el mundo ha cambiado, estamos en el mejor momento para aprender, aplicar nuestro liderazgo y tomar decisiones:

a. ¿En adelante, qué trabajos se podrán hacer de forma remota?
b. ¿Cuáles protocolos de bioseguridad deben aplicarse en mi país, ciudad, gremio, empresa y en cada una de las áreas de trabajo?
c. ¿Ya tengo claros esos protocolos, o los debo definir? Y es un buen momento para revisar y actualizar todos los protocolos existentes en mi organización.
d. ¿Cómo son y cómo deben aplicarse los protocolos de prevención de riesgos laborales con el teletrabajo?
e. Debemos revisar la necesidad de espacio para nuestras oficinas, plantas de producción, bodegas, etc., donde exista la capacidad y la infraestructura para cumplir con el distanciamiento social preventivo.
f. ¿De cuánto espacio puedo prescindir y cuántos costos variarán por la implementación del teletrabajo?
g. Revisar los contratos para ver las condiciones laborales de quienes trabajarán en adelante en teletrabajo.
h. Revisar y fortalecer los departamentos de sistemas y el área de mesa de ayuda.
i. ¿Cuáles herramientas tecnológicas se ajustan mejor a nuestras necesidades? ¿Las conocemos? ¿Nuestros empleados las saben manejar y aprovechar? ¿Estamos listos para esa implementación?

j. Para el correcto manejo de inventarios, cuáles equipos y elementos tendrán los empleados en sus casas para desempeñar sus funciones y alcanzar sus objetivos. Teniendo en cuenta los espacios, deben ser equipos portátiles, pequeños y prácticos. En este punto se deben dejar por escrito la recepción de los equipos, las condiciones de responsabilidad en el cuidado del inventario, cuidado y reserva de la información laboral que manejen, así como el cuidado en la correcta aplicación de las medidas de ciberseguridad.

k. ¿Qué metodologías de motivación, entrenamiento y control diseñarán o modificarán para estos trabajos remotos?

l. Hasta ahora el trabajo y el entrenamiento se está haciendo en línea (videos y videoconferencias), es hora de comenzar a analizar el entrenamiento virtual a través de las tecnologías inmersivas (Realidad Virtual, Realidad Aumentada, Realidades Mixtas), de acuerdo a sus necesidades y áreas de trabajo. Es la diferencia entre capacitar a un piloto con un video o con un simulador de vuelo. Pero analícenlo con seriedad, pues el equipo debe tener las condiciones para usarlo y la empresa la capacidad para aprovecharlo.

m. ¿Qué servicios y en qué porcentaje cubrirá la empresa en las residencias de sus empleados para asegurar su conectividad?

Sección 2: Trabajadores

Como trabajadores, como empleados o colaboradores de una organización, tenemos muchas responsabilidades también, entre ellas:

a. La misma balanza que utilizan los gobiernos para tomar decisiones, guardando su proporción, es la que tienen que tomar las empresas para salvaguardar la salud de los empleados, sus empleos, los clientes y la existencia de la empresa; por ello los invito a reflexionar sobre nuestra posición y lo que estamos aportando para mantener las empresas operando y por ende nuestros puestos de trabajo.
b. Exigir a las empresas con un pensamiento de corto plazo, nos dará sustento por pocos meses; ser solidarios, generar ideas, buscar alternativas entre todos, reducir temporalmente el porcentaje de salarios para que alcance para todos lo que hay y cumplir con inmensa responsabilidad nuestro trabajo, permitirá que entre todos salvemos nuestra empresa, nuestro puesto, nuestro salario y por ende el sustento de nuestras familias, conforme a lo establecido por la Ley.
c. Tenemos muchas responsabilidades desde casa, pero la principal es la autorregulación, la autoexigencia para responder adecuadamente a las circunstancias y a sus exigencias, como miembros de familia y como miembros de una organización.
d. Aportemos ideas, participemos de la solución, estamos en medio de una gran oportunidad y no podemos desaprovecharla.

e.	Si descubrimos o nos comparten alguna aplicación, alguna herramienta digital que pueda facilitar y hacer más eficiente nuestro trabajo, el trabajo del área o de la empresa compartámosla con nuestros colegas y jefes para revisar si su implementación funciona.

f.	Aprovechemos el tiempo al máximo para capacitarnos y ser mejores cada día; en el mercado están ofreciendo muchos cursos gratuitos o con descuentos, que pueden ser de gran utilidad.

g.	Nuestro entrenamiento será distinto en adelante, aprender y desarrollarnos depende de nosotros mismos, de nuestro interés y de nuestra autodisciplina.

h.	Seamos flexibles, es comprensible el agotamiento físico y mental por esta coyuntura y estamos notando una mayor carga de trabajo, pero el mundo ha cambiado, el mercado ha cambiado, la empresa ha cambiado y entre todos debemos salir adelante y sobrellevar esta crisis; ya pasará y las condiciones se estabilizarán.

i.	Así como aplicamos las reglas de reciclaje y ahorro en el consumo de recursos naturales y servicios públicos en las empresas, debemos hacerlo en nuestros hogares; estamos pasando más tiempo en casa, más personas y no hacerlo puede generar daños al planeta y costos mucho más altos.

j.	Con estos cambios también se modifican los planes y las prácticas de salud ocupacional, sigamos cuidándonos, previniendo accidentes o lesiones, cumplamos con las pausas activas y todas las recomendaciones que nos hagan.

k.	Si estamos haciendo teletrabajo o trabajo remoto desde casa es para estar en casa, no es para estar exponiendo nuestra salud y la de nuestra familia en la calle.

l. Si nos asignan equipos o mobiliario de la empresa para desarrollar nuestro trabajo, es para eso y tenemos una gran responsabilidad de cuidar ese inventario. Emplee esos elementos para lo que son y en el caso de un computador portátil, cuando no lo esté usando, guárdelo en un lugar seguro, evitando así su deterioro o su pérdida. La información que está contenida allí es de mucho valor para usted y para su organización, no les falle. No lo utilice para asuntos distintos a su trabajo y atienda siempre las normas y recomendaciones de ciberseguridad.

m. En el caso en el que usted regrese a la oficina, a la planta o a su lugar de trabajo normal, cumpla con todas las medidas y protocolos de bioseguridad que exigen la ley y las empresas, tanto en su casa, en los desplazamientos, como dentro del lugar de trabajo; seguir cuidándonos es responsabilidad de todos.

n. Ayudemos a nuestras empresas a salir adelante, seamos agradecidos con lo que tenemos, sigamos soñando y luchando juntos por esas metas.

o. Como integrantes de la sociedad seamos solidarios, volvamos a mover la economía, seamos parte del círculo virtuoso de la recuperación: al comprar algo, ese vendedor puede pagarle a sus empleados y proveedores y así seguirá la activación de la economía y poco a poco alcanzaremos la estabilidad.

Notas y Herramientas

En el mercado existen muchas herramientas para facilitar nuestro desempeño en las redes, lo más importante es conocer cuáles se ajustan más a nuestras necesidades y capacidades técnicas.

A continuación, relacionaremos algunas herramientas de fácil manejo y gran utilidad en los temas que han sido tratados a lo largo del Manual:

Nota 1- Plataforma de Trabajo en el computador:

Existen múltiples pero nuestra recomendación es usar Office de Microsoft o G-Suite de Google. Se pueden usar las dos tanto en el correo electrónico personal o corporativo - según sea el caso -, sin ser incompatibles. Las dos plataformas facilitan las tareas de colaboración y trabajo en línea.

Copia de seguridad:
Se recomienda mantener copia de seguridad, o backup, del computador y trabajo diario al día y compartir documentos de manera segura.

Dropbox: https://www.dropbox.com/
Google Drive: https://www.google.com/drive/download/
Para backups más grandes o de temas más puntuales se deberá configurar una nube (Google Cloud, AWS, Azure, etc)

Para administración de proyectos y seguimiento de manera visual entre equipos se sugieren:

Asana: https://asana.com/
Trello: https://trello.com/
Monday: https://monday.com/

Para organización de ideas, mapas mentales, notas, contenidos web y tiempos de trabajo:

Evernote: https://evernote.com/
Pocket: https://getpocket.com/
Google Keep: https://keep.google.com/
Scanner: https://www.nytimes.com/wirecutter/reviews/best-mobile-scanning-apps/
MindNode: https://mindnode.com/
Mind Meister: https://www.mindmeister.com/
Egg.timer: http://e.ggtimer.com/
StayFocused: http://www.stayfocusd.com/

Herramientas que facilitan crear contenidos y programar publicaciones en redes sociales:

Canva: https://www.canva.com/
Hootsuite: https://hootsuite.com/
Buffer: https://buffer.com/

Marketing y seguimiento comercial:

MailChimp: https://mailchimp.com/
Hubspot: https://www.hubspot.com/
Pipedrive: https://www.pipedrive.com/
Salesforce: https://www.salesforce.com/
Zoho: https://www.zoho.com/

Automatizar tareas e interacciones entre aplicaciones:

IFTT: https://ifttt.com/
Zappier: https://zapier.com/

Nota 2:

Kapersky Lab es una empresa rusa de ciberseguridad global que produce y comercializa soluciones domésticas y corporativas. https://latam.kaspersky.com/

Nota 3 - Protección de claves y seguridad de aplicaciones:

Verificar las condiciones que se tienen activadas de seguridad. Habilitar doble verificación en aquellas aplicaciones donde existe la opción.

Aplicaciones de administración de contraseñas (passwords):
Pleasant password server:
https://pleasantsolutions.com/passwordserver
1Password: https://1password.com/
LastPass: https://www.lastpass.com/
Llaves de protección como Yubico:
https://www.yubico.com/

Para organizaciones sin ánimo de lucro existe Dashlane, herramienta que permite encriptar y guardar passwords sin límite de número:
https://www.codeinwp.com/blog/best-password-manager
Para ver las opciones y calificación de usuarios se puede visitar: https://www.password-pros.com/

En todas las herramientas es importante revisar el manejo de los datos, sus políticas y decidir si son las que cada persona y su organización buscan. Es una decisión personal o corporativa -según el caso- usar una u otra herramienta.

Nota 4:

Existen herramientas que permiten hacer integraciones inteligentes del correo electrónico con otras herramientas, como son:

Google Inbox
Superhuman: https://superhuman.com/
Nylas: https://www.nylas.com/

Nota 5:

Limpieza del correo electrónico y agregar mensajes afines, de forma tal en que temas que son de interés, pero distraen por su cantidad, queden agregados en un solo mensaje diario que puede revisarse en el momento adecuado:

Unroll.me: https://unroll.me/

Nota 6:

Corrección de gramática para usar tanto en el computador, como en el navegador y aplicaciones en línea:

Grammarly: https://www.grammarly.com/

Nota 7 - Aplicaciones de comunicación instantánea:

Slack: https://slack.com/
Microsoft Teams: https://www.microsoft.com/en/microsoft-365/microsoft-teams/group-chat-software
Google Chat: https://chat.google.com/
Whatsapp y Whatsapp web: https://web.whatsapp.com/
Telegram: https://telegram.org/

Nota 8 - Teleconferencias y videoconferencias:

Skype: https://www.skype.com/en/
Zoom: https://zoom.us/
Adobe Connect:
https://www.adobe.com/products/adobeconnect.html
Whatsapp y Whatsapp web: https://web.whatsapp.com/
Google Meets: https://meet.google.com/

Nota 9:

Compartir agenda entre equipos de trabajo (en algunos casos con el detalle o con solo visualizar cuando está ocupada la otra persona)

Calendly: https://calendly.com/
Boomerang: https://www.boomeranggmail.com/
Doodle: https://doodle.com/

Nota 10:

Es fundamental no buscar tecnología más sofisticada de la necesaria y posible, porque considerar el acceso a equipos o al ancho de banda y wifi del usuario final, hará que la experiencia sea mejor para el usuario, y por lo tanto más eficiente y exitosa para el organizador. Algunas herramientas sugeridas para organizadores de eventos en línea son:

Para controlar y confirmar registro:
Eventbrite: https://www.eventbrite.com/
Splash: https://splashthat.com/

Para hacer streaming de un evento:

Facebook Live:
https://www.facebook.com/facebookmedia/solutions/facebook-live
Instagram Live:
https://help.instagram.com/292478487812558
Youtube Live:
https://www.youtube.com/channel/UC4R8DWoMoI7CAwX8_LjQHig
LinkedIn Live: https://business.linkedin.com/marketing-solutions/linkedin-live
Streamyard: https://streamyard.com/

Para administrar eventos en línea:

Hopin: https://hopin.to/
Accelevents: https://www.accelevents.com/
Eventtia: https://www.eventtia.com/en/virtual-events-platform
Pathable: https://pathable.com/

Y para eventos cortos en realidades inmersivas (clave considerar que consumen mucho ancho de banda y preferiblemente requieren equipos especiales):

Altspace VR de Microsoft: https://altvr.com/
Otros aún no son tan robustos, pero para más información se puede ver: https://xrcollaboration.com/

Quiero reiterarles que las herramientas enumeradas anteriormente son algunas de las muchas alternativas que encontrarán disponibles en el mercado; los invito a que exploren e investiguen cuáles otras existen y si les pueden ser de mayor utilidad de acuerdo al país donde estén, su trabajo, sus gustos, sus conocimientos técnicos, pero, sobre todo, aplicando los cuidados y principios de la ciberseguridad.

Glosario

Definiciones de la Real Academia de la Lengua Española:

Chat: Intercambio de mensajes electrónicos a través de internet que permite establecer una conversación entre dos o varias personas.

Digital: 1. Que se realiza o transmite por medios digitales.   2. Dicho de un dispositivo o sistema que crea, presenta, transporta o almacena información mediante la combinación de bits.

Emoticono: Representación de una expresión facial que se utiliza en mensajes electrónicos para aludir al estado de ánimo del remitente. En inglés emoji.

Enlace: Secuencia de caracteres que se utiliza como dirección para acceder a información adicional en un mismo o distinto servidor. En inglés Link.

Etiqueta: Ceremonia en la manera de tratarse las personas particulares o en actos de la vida privada a diferencia de los usos de confianza o familiaridad.

Portal: Espacio de una red informática que ofrece, de forma sencilla e integrada, acceso a recursos y servicios.

Procrastinar: Diferir, aplazar.

Protocolo: 1. Regla ceremonial diplomática o palatina establecida por decreto o por costumbre. 2. Secuencia detallada de un proceso de actuación científica, técnica, médica, etc.

Teletrabajo: Utilización de las redes de telecomunicación para trabajar desde un lugar fuera de la empresa usando sus sistemas informáticos.

Video conferencia: Comunicación a distancia entre dos o más personas, que pueden verse y oírse a través de una red.

Virtual: 1. Que tiene virtud para producir un efecto, aunque no lo produce de presente, frecuentemente en oposición a efectivo o real. 2. Que tiene existencia aparente y no real.

Definiciones de portales en internet, debido a que son palabras o expresiones no aprobadas por la Real Academia de la Lengua Española:

Avatar: Elemento gráfico que identifica a un usuario en una red social, un programa informático u otra herramienta o servicio digital. Por lo general se trata de dibujos o de fotografías, aunque también hay avatares con movimiento. www.definicion.de

Bioseguridad: conjunto de medidas preventivas, destinadas a mantener el control de factores de riesgo laborales procedentes de agentes biológicos, físicos o químicos, logrando la prevención de impactos nocivos, asegurando que el desarrollo o producto final de dichos procedimientos no atenten contra la salud y seguridad de trabajadores de la salud, pacientes, visitantes y el medio ambiente. www.minsalud.gov.co

Ciberseguridad: también conocida como seguridad de la tecnología de la información, se centra en proteger los computadores, las redes, programas y datos contra el acceso no autorizado o malintencionado, cambios o su destrucción. Universidad de Maryland.

En línea: proviene del anglicismo online, que significa estar conectado a internet.

Facebook live: emisión en directo a través de la red social Facebook.

Inmersivas: aplicación de la realidad virtual (RV) y la realidad aumentada (RA) en prácticas industriales, educativas, de diseño, marketing y otras. Se trata de que la persona que entre en contacto con esta tecnología se sienta inmersa en este tipo de realidades para lograr objetivos determinados. www.telcel.com

Instagram live: emisión en directo a través de la red social Instagram.

Lenguaje corporal o comunicación no verbal: es la transmisión constante de nuestro cuerpo de información sensible sobre nuestras intenciones, sentimientos y personalidad.

Incluso cuando estamos quietos o en silencio, los gestos, las posturas, las expresiones faciales y la apariencia hablan por nosotros. www.analisisnoverbal.com

LinkedIn: red social enfocada en información profesional, empresarial, negocios y empleo.

Phishing: captación de datos personales realizada de manera ilícita o fraudulenta a través de internet. Es una palabra del inglés que se origina de su homófona "fishing", que significa 'pesca', en alusión al objetivo del phishing: pescar datos, ver "quién muerde el anzuelo". www.significados.com

Plataforma digital: es un lugar de Internet, portal o cibersitio, que sirve para almacenar diferentes tipos de información tanto personal como a nivel de negocios.

Streaming: tecnología que permite la transmisión de videos o música directamente desde internet sin necesidad de descargarlo en un dispositivo. www.eventovirtual.co

Trabajo remoto: la diferencia con el teletrabajo, es que el teletrabajo está regulado por normas en los países y el trabajo remoto no está reglamentado aún, es una improvisación como consecuencia de las circunstancias. www.ppulegal.com

Wearable: hace referencia al conjunto de aparatos y dispositivos electrónicos que se incorporan en alguna parte del cuerpo interactuando de forma continua con el usuario y con otros dispositivos con la finalidad de realizar alguna función concreta, relojes inteligentes o smartwatches, zapatillas de deportes con GPS incorporado y pulseras que controlan nuestro estado de salud, entre otros. www.dispositivoswearables.net

Webinar: es un material de enseñanza transmitido en video a través de internet. (Conferencias, talleres o cursos) www.gotomeeting.com

WhatsApp: aplicación de mensajería instantánea para teléfonos inteligentes, en la que se envían y reciben mensajes mediante internet, así como imágenes, vídeos, audios, grabaciones de audio (notas de voz), documentos, ubicaciones, contactos, así como llamadas y videollamadas con varios participantes a la vez, entre otras funciones.

Acerca del Autor

FELIPE ANDRES FORERO HAUZEUR

Ingeniero Naval Electrónico con Maestría en Dirección de Empresas. Oficial de la Armada Nacional, en servicio activo durante veinticuatro (24) años, pasando por iniciativa propia a la Reserva Activa en el grado de Capitán de Fragata en el año 2015.

Posteriormente trabajó cuatro (4) años en el Ministerio de Relaciones Exteriores y en la actualidad se encuentra trabajando desde el sector privado en la construcción diaria de una buena sociedad, asesorando personas y empresas en su actualización, transformación digital y ciberseguridad, desde Business Creative Partners SAS. y el Instituto de las Américas para el Liderazgo en Ciberseguridad, AICL (sigla en inglés).

Con más de quince años de experiencia en logística, protocolo, ceremonial y etiqueta, desempeñó el cargo de Edecán de tres Primeras Damas de la Nación y el de Coordinador del Grupo de Protocolo del Ministerio de Defensa de Colombia, donde desarrolló y aplicó sus conocimientos junto a los excelentes equipos de personas que lideró en esas tareas a lo largo del territorio nacional y en visitas oficiales y de Estado en el exterior.

Su trabajo, como él lo describe, le permitió conocer el territorio colombiano en su totalidad, pero en especial le enseñó a querer y valorar más a las personas en las regiones y municipios donde desarrollaron el trabajo social y educativo con las esposas de los Jefes de Estado. Su primera experiencia en este trabajo fue participar activamente en la recuperación del Eje Cafetero después del terremoto de 1999.

Así mismo, desde la Casa Militar de la Presidencia de la República, en coordinación con la Dirección de Protocolo del Ministerio de Relaciones Exteriores, tuvo la oportunidad de trabajar en la planeación y atención de múltiples visitas de Estado, en Colombia y en el exterior, Cumbres de Alto Nivel, ceremonias y eventos con el Cuerpo Diplomático acreditado en Colombia.

Durante los cuatro años posteriores a su carrera naval-militar, se desempeñó como Cónsul en la ciudad de Nueva York, donde su trabajo enfocado al servicio de los colombianos en esa zona de los Estados Unidos de América le permitió en múltiples ocasiones aplicar y fortalecer sus conocimientos en estas áreas de la logística y el protocolo de Estado y Diplomático.

Ha sido profesor, conferencista en temas de ceremonial y desde el pasado mes de mayo es socio individual numerario de la Asociación Española de Protocolo.

Edición en español prologada por

VICTOR HUGO MALAGÓN BASTO

Economista de la Universidad del Rosario, es Especialista en Integración en el Sistema Internacional de la Pontificia Universidad Javeriana, Master en Acción Política y Participación Ciudadana del Ilustre Colegio de Abogados de Madrid, la Universidad Francisco de Vitoria y la Universidad Rey Juan Carlos en España; Master en Administración de Empresas (MBA) de la Escuela de Negocios de la Universidad San Pablo. Becario de la Fundación Carolina e invitado a programas internacionales en prestigiosas universidades como Georgetown University, Harvard University, McGill University, IESE, Instituto de Empresa de Madrid, INALDE entre otras.

Su desempeño ha sido reconocido con exaltaciones como uno de los Diez Jóvenes Ejecutivos de Colombia en 2004 de la Cámara Junior Internacional y el Premio de Liderazgo Iberoamericano José María López de la Red española de directores de Recursos Humanos en 2019, entre otros. Colaborador frecuente en medios de comunicación de Colombia, España y América Latina. Editor y autor de diversos libros, artículos y publicaciones especialmente en temas de responsabilidad social de las organizaciones. Su último libro se titula "Ética y Responsabilidad: el nuevo reto de generación de valor en las organizaciones".

Socio y Fundador de la firma multinacional de comunicaciones y relaciones públicas KREAB en Colombia, Gerente de RSE de la Asociación Nacional de Empresarios de Colombia- ANDI, Director de la Fundación ANDI, Secretario General de la Fundación Carolina y Director para el Desarrollo de Capital Humano del Programa de Transformación Productiva del Gobierno Nacional, entre otros, además de una larga trayectoria en la docencia universitaria. Asesor en Asuntos Públicos y Relaciones Corporativas de más de 40 empresas y organizaciones multinacionales. Miembro de juntas y consejos directivos de entidades públicas y privadas, entre las que se destacan el punto focal para América Latina del GRI, la red colombiana del Pacto Global, el ICBF, Uniempresarial, AIESEC, la Fundación Carolina, Invest in Bogotá, la Universidad Militar y la Universidad del Rosario entre otras. Actualmente se destaca su desempeño como Presidente del Foro de Presidentes, Fundador de MACA – Malagón Consultores Asociados y Gerente del Programa Colombia Científica del Gobierno Colombiano y el Banco Mundial.